Un Consejo al Corazón

30 días de agenda y devocional para impulsar tu corazón y tu crecimiento espiritual y emocional

Dra. Gloria I. San Miguel

Un Consejo al Corazón

Diseño de portada y Diseño Gráfico por Marco Álvarez
Impreso en los Estados Unidos de América

ISBN: 978-1-959989-60-8
Library of Congress Control Number: 2023917602

A todos los buscadores de la verdad del corazón:

Este devocional está dedicado a ustedes,
Con gratitud por su inquebrantable búsqueda de lo que es verdadero,
A través de altibajos, se mantienen firmes y fuertes,
Buscando consejo para su corazón, donde realmente pertenecen.

Que comprendan los deseos más profundos de sus corazones,
Y cultiven las virtudes que inspira el amor,
Que encuentren alegría al compartir el abrazo de sus corazones,
Conectándose con otros, creando un espacio sagrado.

Con gratitud y entrega, que permanezcan,
En el flujo de las corrientes de la vida, dejándose llevar y confiando,
En la sabiduría que reside dentro y alrededor,
Un viaje del corazón, donde se puede encontrar la gracia.

Que este viaje devocional sea una luz,
Guiándolos tanto en el día como en la noche,
En busca de la esencia de lo que es verdadero,
Que siempre los guíe la brújula de sus corazones.

En dedicación al viaje en el que nos embarcamos,
Que el amor y la devoción dejen siempre su huella,
Con corazones unidos en este arte sagrado,
Abracemos la sabiduría del corazón.

Índice

Agradecimientos

En primer lugar, deseo expresar mi más profundo agradecimiento a Dios, la fuente suprema de inspiración y sabiduría en la creación de esta agenda y devocional. Agradezco sinceramente por guiarme en cada paso del proceso y por permitirme compartir estas reflexiones y enseñanzas con otros.

Esta agenda y devocional nació de experiencias personales y momentos significativos en mi propio viaje espiritual. Agradezco por las lecciones aprendidas en el camino y por la oportunidad de transformar esas vivencias en un recurso que pueda impactar positivamente a quienes lo utilicen.

Durante este proceso creativo, recibí orientación invaluable de mentores y líderes espirituales. A ellos les dedico mi gratitud por su sabiduría y consejo, que contribuyeron de manera significativa a dar forma a este proyecto.

Mi aprecio se extiende a mi amado esposo Javier, quien me ha brindado apoyo y comprensión durante cada etapa de este proceso.

A mis queridas hijas Giselle y Desiree, les agradezco por su paciencia y comprensión mientras trabajaba en este proyecto. Su presencia y amor son mi mayor inspiración, y espero que esta agenda y devocional sea un testimonio de la importancia de cultivar una relación profunda con Dios en cada etapa de la vida.

Por último, quiero expresar mi profundo agradecimiento a mi familia extendida por sus palabras de ánimo y amor en este viaje creativo.

En especial a mi querida prima Estefania M. Aguado por leer y revisar mis borradores, sabes que eres especial para mi.

A todos los lectores y usuarios que se embarcarán en este viaje espiritual junto a mí, les agradezco de corazón. Es su compromiso y participación los que dan vida a estas páginas y hacen que esta agenda y devocional cumpla su propósito de inspirar e impulsar un crecimiento espiritual más profundo.

Que esta agenda y devocional sea una herramienta que nos acerque a Dios y fortalezca nuestras vidas espirituales. Con gratitud y humildad, comparto este recurso con la esperanza de que traiga bendiciones y transformación a quienes lo utilicen.

Con todo mi corazón, gratitud y bendiciones,

Gloria

Introducción

Bienvenido a este viaje devocional de 30 días en busca de un impulso para tu corazón. La vida está llena de diversas decisiones, desafíos e incertidumbres, y es fácil sentirse perdido o abrumado en medio de todo ello. Pero ten esperanza, porque dentro de ti hay una fuente de sabiduría y fortaleza que puede iluminar tu camino y guiarte incluso en los momentos más oscuros: tu corazón.

A lo largo de este devocional, exploraremos el concepto de buscar orientación desde tu corazón, comprendiendo que este es más que un simple órgano físico; es el centro de tus emociones, intuición y deseos más profundos. Cuando aprendemos a escuchar nuestros corazones y alineamos nuestros pensamientos y acciones con su sabiduría, podemos encontrar claridad, propósito y paz interior.

En el caos del mundo externo, a menudo olvidamos prestar atención a la voz interior: la voz de nuestros corazones. Este devocional tiene como objetivo ayudarte a conectar con esa voz interna y descubrir la guía divina que reside en ella. Juntos, emprenderemos un viaje de autoconocimiento, fe y crecimiento, aprendiendo a discernir las señales que tu corazón envía y cómo interpretarlas.

Durante cuatro semanas, exploraremos las cuatro Cs del corazón (Comprender, Cultivar, Compartir y Contentamiento) y diferentes aspectos de buscar impulso para tu corazón, que incluyen:

1. Comprender tu corazón:

Comprender tu corazón implica la introspección y la autoconciencia. Tómate tiempo para escuchar tus sentimientos, deseos y emociones. Reflexiona sobre lo que realmente es importante para ti, tus valores fundamentales y lo que te brinda alegría y plenitud. Presta atención a tu intuición y voz interior; pueden guiarte para tomar decisiones auténticas en sintonía con tu verdadero yo.

2. Cultivar el corazón:

Cultivar el corazón significa nutrir sus cualidades positivas, como la compasión, empatía y amor. Practica la autocompasión y trátate con amabilidad y comprensión. Desarrolla un sentido de empatía hacia los demás y trata de ver el mundo desde sus perspectivas. Participa en actos de bondad y generosidad, no solo hacia los demás sino también hacia ti mismo. Cultivar el corazón implica abrazar la vulnerabilidad y la apertura emocional.

3. Compartir tu corazón:

Una vez que tienes una comprensión más profunda de tu corazón y has cultivado sus cualidades positivas, considera compartirlo con los demás. La comunicación abierta y las conexiones genuinas con personas en las que confíes pueden ser inmensamente valiosas. Comparte tus sentimientos, pensamientos y aspiraciones con ellos, y escucha lo que tienen que decir a cambio. Recuerda, la vulnerabilidad en el compartir puede conducir a vínculos más fuertes y relaciones más profundas.

4. Contentamiento con gratitud y entrega:

Expresar gratitud por las bendiciones en tu vida y estar agradecido por las lecciones aprendidas a través de los desafíos puede brindarte una sensación de contentamiento y paz. Ayuda a cambiar el enfoque de lo que falta a lo que abunda. Además, aprende a entregarte al flujo de la vida. Comprende que hay cosas más allá de tu control y está bien soltar y confiar en el camino.

A lo largo de esta exploración, sé paciente contigo mismo. Buscar orientación hacia tu corazón es un proceso continuo y puede llevar tiempo comprender completamente sus profundidades y complejidades. Acepta el viaje con una mente y corazón abiertos, y es probable que descubras una conexión más profunda contigo mismo y con el mundo que te rodea.

Que este devocional sea una fuente de aliento, inspiración e iluminación mientras buscas encontrar guía desde tu corazón. Recuerda que es un proceso y, como cualquier viaje, requiere paciencia, perseverancia y un corazón abierto. Al embarcarnos juntos en esta expedición transformadora, estemos abiertos a las revelaciones divinas y a la sabiduría profunda que surge cuando escuchamos la guía de nuestros corazones. Comencemos esta expedición con esperanza, fe y el deseo de descubrir los tesoros que nos esperan en su interior.

Impulsándote desde la intención a la acción

Desde establecer intenciones hasta
tomar acciones significativas,
El poder reside dentro de ti, la tracción de tu corazón.
Con propósito y determinación, pavimentas el camino,
Impulsándote hacia adelante, pase lo que pase.

Deja que la claridad te guíe a través de la neblina,
Mientras visualizas el camino que tu corazón traza.
Con sueños a la vista y metas tan claras,
Abraza los desafíos, conquista el miedo.

No permitas que la vacilación frene tu ritmo,
Pues el tiempo es fugaz, no desperdicies ni un rastro.
Aprovecha cada momento, atrapa el día,
En el baile de la acción, encontrarás tu camino.

Aunque los obstáculos puedan cruzar tu sendero,
Deja que la determinación y el coraje prevalezcan.
Con espíritu inquebrantable, supera las dificultades,
Convirtiendo las intenciones del corazón en la fuerza
de la vida.

Encuentra fuerza en los fracasos, son lecciones por aprender,
Cada tropiezo, un peldaño, una oportunidad de discernir.
La resiliencia florece cuando te atreves a persistir,
De la intención a la acción, no puedes resistir.

Rodéate de aquellos que inspiran,
Almas afines que alimentan el fuego de tu corazón.
Juntos, surgirán como una fuerza imparable,
En el abrazo de la unidad, un curso poderoso.

En cada pequeño paso y en cada gran salto,
Las intenciones de tu corazón ahora son tuyas para conservar.
Con enfoque, pasión y la conexión del amor,
Impúlsate hacia adelante, con la reflexión de tu corazón.

Así que avanza con propósito, avanza con fuerza,
De la intención a la acción, brillando intensamente.
El mundo espera los dones que traes,
Abraza el viaje, deja que tu corazón cante.

La combinación de una agenda con un devocional es una estrategia poderosa para cultivar tanto tu bienestar físico como espiritual. Esta combinación te impulsa hacia una vida más equilibrada, centrada y gratificante, donde tanto tus responsabilidades como tus valores espirituales reciben la atención que merecen. A continuación, algunas razones por las cuales esta combinación puede ser significativa y beneficiosa:

1. Organización y enfoque: Una agenda te ayuda a mantener un seguimiento ordenado de tus tareas, compromisos y metas diarias. Al combinarla con un devocional, te recuerda la importancia de priorizar tu crecimiento espiritual mientras navegas por tus responsabilidades cotidianas.

2. Equilibrio entre lo material y lo espiritual: La vida moderna puede consumirnos con preocupaciones materiales y actividades agitadas. Una agenda y devocional combinados te ayudan a equilibrar tus necesidades prácticas con tu búsqueda de significado espiritual.

3. Enfoque en valores y propósito: Un devocional te ayuda a reflexionar sobre tus valores y propósito en la vida, mientras que una agenda te ayuda a traducir esos valores en acciones concretas. Combinarlos te permite integrar tu visión espiritual en tu vida diaria.

4. Autocuidado integral: Cuidar tu bienestar no se trata solo de cumplir tareas, sino también de nutrir tu espíritu. Una agenda y devocional combinados te ayudan a atender tanto tu salud mental como espiritual, lo que resulta en un enfoque más completo y equilibrado hacia el autocuidado.

5. Recordatorio constante: Al tener un devocional junto a tu agenda, recibes recordatorios constantes de tu conexión con lo espiritual. Puede ser fácil olvidarla en medio del ajetreo diario, y esta combinación te ayuda a mantener un enfoque consciente.

6. *Formación de hábitos saludables:* Tanto la planificación como la dedicación a la espiritualidad son hábitos que se fortalecen con la práctica constante. Una agenda y devocional combinados te ayudan a establecer rutinas saludables en ambos aspectos de tu vida.

7. *Fortalecimiento emocional y mental:* Un devocional puede proporcionar consuelo, inspiración y fortaleza emocional, mientras que una agenda te ayuda a enfrentar desafíos de manera organizada. La combinación refuerza tu capacidad para manejar diversas situaciones.

8. *Crecimiento personal integral:* La vida plena abarca diferentes dimensiones, incluido lo físico, emocional, mental y espiritual. Una agenda y devocional combinados apoyan tu crecimiento en todas estas áreas, promoviendo un desarrollo personal integral.

9. *Conexión con Dios y propósito:* Un devocional te permite profundizar en tu conexión con Dios y comprender tu propósito en la vida. Al combinarlo con una agenda, te ayuda a traducir esa conexión en acciones concretas que reflejan tu fe.

10. *Mayor sensación de logro:* Al tener una agenda que incluye tanto tareas cotidianas como reflexiones espirituales, puedes experimentar una mayor sensación de logro al completar ambas áreas, lo que contribuye a tu bienestar general.

En resumen, la combinación de una agenda con un devocional te ayuda a vivir una vida más equilibrada, centrada en valores y con un enfoque constante en tu bienestar integral. Te permite abordar tus responsabilidades diarias con un sentido renovado de propósito y conexión espiritual, lo que puede enriquecer significativamente tu vida.

Como Utilizar Esta Agenda Y Devocional

1. Completa la plantilla de la agenda:

a. *Fecha y gratitud matutina:* Comienza cada día anotando la fecha. En la sección "Gratitud matutina", anota tres cosas por las que estás agradecido ese día.

b. *Tareas diarias:* Anota hasta cinco tareas que debas realizar ese día.

c. *Prioridades para hoy:* Identifica una prioridad clave para el día, algo en lo que quieras enfocarte o lograr.

d. *Completa el resto de la plantilla* según tus intereses o áreas de mayor necesidad.

2. *Tiempo devocional:* Lee el pasaje devocional del día y la reflexión sobre su significado, y escribe sobre lo que significa para ti. También recuerda hacer la oración.

3. *Notas y reflexiones:* Utiliza esta sección para tomar notas, reflexiones personales o cualquier pensamiento adicional que quieras registrar. Puedes también utilizarla para desarrollar tu lado creativo con dibujos, collages, stickers.

4. *Sigue la guía semanal:* Cada semana tiene un tema y una serie de reflexiones diarias relacionadas con ese tema.

5. *Semana 1, 2, 3, 4:* Durante cada semana, lee la reflexión diaria correspondiente al tema de esa semana. Medita sobre el versículo bíblico y la reflexión, y considera cómo aplicarlos a tu vida.

6. *Final de la semana:* Al final de cada semana, toma un tiempo para reflexionar sobre lo que has aprendido y cómo has crecido espiritualmente.

7. Final del devocional: Al llegar al día 30, toma un momento para reflexionar sobre la experiencia del devocional en su conjunto. Considera cómo has sido desafiado, inspirado y cambiado a lo largo de estas cuatro semanas.

8. Practica lo aprendido: A lo largo del devocional, busca oportunidades para aplicar lo que has aprendido en tu vida diaria. Busca maneras de cultivar un corazón transformado y alineado con la voluntad de Dios.

9. Flexibilidad: Siempre ten en cuenta que la vida puede ser impredecible. Si no puedes completar todas las secciones en un día determinado, no te preocupes. Lo importante es mantener una actitud de búsqueda espiritual y crecimiento.

10. Oración y meditación: Durante todo el proceso, dedica tiempo a la oración y la meditación. Ora por comprensión, sabiduría y fortaleza para aplicar los principios bíblicos en tu vida diaria.

11. Comparte y reflexiona: Si lo deseas, comparte tus reflexiones y experiencias con un amigo cercano o miembro de la familia. Discutir tus pensamientos puede enriquecer tu comprensión y fomentar un crecimiento espiritual más profundo.

12. Continúa y repite: Una vez que hayas completado el devocional de 30 días, siéntete libre de repetirlo en el futuro o explorar otros recursos similares para continuar nutriendo tu relación con Dios y cultivando un corazón que refleje Su amor y carácter.

Recuerda que la consistencia y la sinceridad en tu búsqueda espiritual son clave. ¡Que esta agenda y devocional te ayude a crecer en tu fe y a profundizar tu relación con Dios!

Semana 1:
Comprender el Corazón

AGENDA DIARIA

____ / _____ / ___

Lun Mar Mié Jue Vie Sáb Dom
○ ○ ○ ○ ○ ○ ○

Ánimo

☹ ☺ 😐 😖 🤒

Metas de Hoy

Cosas que hacer Hoy:

....

....

....

....

....

....

Ejercicio

Citas para Hoy

Hora	Evento

....

....

....

....

....

Consumo de Agua

◇◇◇◇◇◇◇◇

Cosas que hacer Mañana:

Llamadas o emails

....

....

Rastreador de Comidas

Desayuno	Almuerzo
Cenas	Meriendas

....

....

....

Hoy estoy agradecida(o) por:

Anotaciones

....

....

....

....

....

....

....

....

....

Día 1

"Sobre toda cosa guardada, guarda tu corazón, porque de él mana la vida".

(Proverbios 4:23, versión RVR1960)

Reflexiona sobre la importancia de guardar tu corazón y su impacto en tu vida.

Reflexión: Tu corazón es el manantial de tus pensamientos, emociones y acciones. Así como un manantial bien guardado produce agua pura, cuidar tu corazón conducirá a una vida que honra a Dios y bendice a otros.

Oración: Señor, ayúdame a guardar y cuidar mi corazón, para que pueda ser un manantial de vida que honre y bendiga a los demás. En el poderoso nombre de Jesús, amén.

Notas

_____

_____

_____

_____

_____

_____

_____

_____

_____

_____

_____

AGENDA DIARIA

_____ / _____ / _____

Ánimo

😕 🙂 😐 😣 😥

Metas de Hoy

Cosas que hacer Hoy:

....
....
....
....
....
....

Citas para Hoy

Ejercicio

Hora	Evento

Cosas que hacer Mañana:

Consumo de Agua

◊ ◊ ◊ ◊ ◊ ◊ ◊

Llamadas o emails

Rastreador de Comidas

Desayuno	Almuerzo
Cenas	Meriendas

....
....
....
....

Hoy estoy agradecida(o) por:

Anotaciones

....
....
....
....

Día 2

"Crea en mí, oh Dios, un corazón limpio, y renueva un espíritu recto dentro de mí".

(Salmos 51:10, versión RVR1960)

Ora por la limpieza y renovación de tu corazón por parte de Dios.

Reflexión: Nuestros corazones pueden contaminarse con pecado y egoísmo, pero la gracia de Dios puede purificarnos y transformarnos. Permite que Dios cree en ti un corazón limpio, listo para servirle de todo corazón.

Oración: Padre, purifica mi corazón y renueva mi espíritu. Límpiame de todo pecado y egoísmo, y capacítame para servirte con un corazón limpio y recto. En el poderoso nombre de Jesús, amén.

Notas

_____

_____

_____

_____

_____

_____

_____

_____

_____

_____

_____

AGENDA DIARIA

____ / ____ / ____

Lun Mar Mié Jue Vie Sáb Dom
○ ○ ○ ○ ○ ○ ○

Ánimo

☹ 🙂 😐 ☹ 😣

Ejercicio

Consumo de Agua

◊ ◊ ◊ ◊ ◊ ◊ ◊

Rastreador de Comidas

Desayuno	Almuerzo
Cenas	Meriendas

Hoy estoy agradecida(o) por:

Metas de Hoy

Citas para Hoy

Hora	Evento

Llamadas o emails

Anotaciones

Cosas que hacer Hoy:

Cosas que hacer Mañana:

Día 3

"Engañoso es el corazón más que todas las cosas, y perverso; ¿quién lo conocerá?"

(Jeremías 17:9, versión RVR1960)

Medita sobre la engañosa naturaleza del corazón y la necesidad de la guía de Dios.

Reflexión: Nuestros corazones pueden engañarnos y desviarnos del camino de Dios. Reconoce tu necesidad de la sabiduría y guía de Dios para discernir lo correcto y tomar decisiones justas.

Oración: Señor, reconozco mi necesidad de tu guía y discernimiento. Ayúdame a no confiar en mi propio entendimiento, sino en tu dirección para mantener mi corazón en el camino correcto. En el poderoso nombre de Jesús, amén.

Notas

_____
_____
_____
_____
_____
_____
_____
_____
_____
_____

AGENDA DIARIA

____ / ____ / ____

Lun Mar Mié Jue Vie Sáb Dom
○   ○   ○   ○   ○   ○   ○

Ánimo

☺ ☺ ☺ ☺ ☺

Metas de Hoy

Cosas que hacer Hoy:

Ejercicio

Citas para Hoy

Hora	Evento

Consumo de Agua

◇◇◇◇◇◇◇

Cosas que hacer Mañana:

Llamadas o emails

Rastreador de Comidas

Desayuno	Almuerzo
Cenas	Meriendas

Hoy estoy agradecida(o) por:

Anotaciones

Día 4

"Bienaventurados los de limpio corazón, porque ellos verán a Dios".

(Mateo 5:8, versión RVR1960)

Procura cultivar un corazón limpio para acercarte más a Dios.

Reflexión: Un corazón puro te permite experimentar una conexión más profunda con Dios. Busca la pureza al confesar tus pecados y buscar Su perdón, pues Él es fiel para limpiar tu corazón.

Oración: Querido Dios, anhelo verte y experimentar una comunión más profunda contigo. Limpia mi corazón y renuévame para que pueda acercarme a Ti con pureza y devoción. En el poderoso nombre de Jesús, amén.

Notas

_____
_____
_____
_____
_____
_____
_____
_____
_____
_____

AGENDA DIARIA

_____ / _____ / _____

Lun Mar Mié Jue Vie Sáb Dom
○ ○ ○ ○ ○ ○ ○

Ánimo

😞 😊 😐 😒 😟

Metas de Hoy

Cosas que hacer Hoy:

Ejercicio

Citas para Hoy

Hora	Evento

Cosas que hacer Mañana:

Consumo de Agua

💧💧💧💧💧💧💧

Llamadas o emails

Rastreador de Comidas

Desayuno	Almuerzo
Cenas	Meriendas

Hoy estoy agradecida(o) por:

Anotaciones

Día 5

"Y amarás al Señor tu Dios con todo tu corazón, y con toda tu alma, y con toda tu mente y con todas tus fuerzas".

(Marcos 12:30, versión RVR1960)

Examina tu devoción a Dios y entrega completamente tu corazón a Él.

Reflexión: Dios anhela tu amor y devoción sincera. Toma el tiempo para evaluar tus prioridades y alinear tu corazón con el suyo, sabiendo que todo lo que haces es una oportunidad para adorarle.

Oración: Padre celestial, que mi amor y devoción por Ti sean sinceros y absolutos. Ayúdame a entregar todo mi corazón y vida a tu servicio, sabiendo que cada día es una oportunidad para adorarte. En el poderoso nombre de Jesús, amén.

Notas

_____
_____
_____
_____
_____
_____
_____
_____
_____

AGENDA DIARIA

____ / _____ / ___

Lun Mar Mié Jue Vie Sáb Dom
○   ○   ○   ○   ○   ○   ○

Ánimo

😕 🙂 😐 😖 😣

Metas de Hoy

Cosas que hacer Hoy:

....
....
....
....
....
....
....

Ejercicio

Citas para Hoy

Hora	Evento

Cosas que hacer Mañana:

Consumo de Agua

◊◊◊◊◊◊◊◊

Rastreador de Comidas

Desayuno	Almuerzo
Cenas	Meriendas

Llamadas o emails

....
....
....
....
....
....

Hoy estoy agradecida(o) por:

Anotaciones

Día 6

"Os daré corazón nuevo, y pondré espíritu nuevo dentro de vosotros; y quitaré de vuestra carne el corazón de piedra, y os daré un corazón de carne".

(Ezequiel 36:26, versión RVR1960)

Alaba a Dios por Su promesa de darte un corazón nuevo y pide por Su obra transformadora.

Reflexión: El poder transformador de Dios puede reemplazar tu corazón de piedra con un corazón que late por Él. Entrégale tu corazón, y Él lo volverá tierno y dispuesto a seguir Sus mandatos.

Oración: Señor, agradezco tu promesa de darme un corazón nuevo. Trabaja en mí, cambia mi corazón de piedra por uno de carne que esté alineado contigo y dispuesto a seguirte. En el poderoso nombre de Jesús, amén.

Notas

_____

_____

_____

_____

_____

_____

_____

_____

_____

_____

AGENDA DIARIA

_____ / _____ / _____

Lun Mar Mié Jue Vie Sáb Dom
○ ○ ○ ○ ○ ○ ○

Ánimo

😠 🙂 😐 ☹️ 😣

Ejercicio

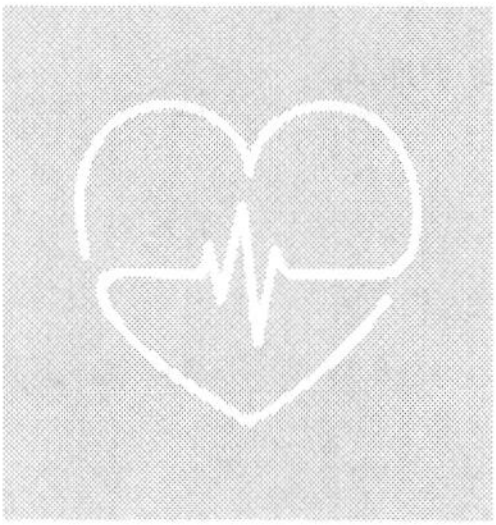

Consumo de Agua

◇◇◇◇◇◇◇

Rastreador de Comidas

Desayuno	Almuerzo
Cenas	Meriendas

Hoy estoy agradecida(o) por:

Metas de Hoy

Citas para Hoy

Hora	Evento

Llamadas o emails

Anotaciones

Cosas que hacer Hoy:

Cosas que hacer Mañana:

Día 7

"Y todo lo que hagáis, hacedlo de corazón, como para el Señor y no para los hombres".

(Colosenses 3:23-24, versión RVR1960)

Enfoca tus tareas diarias y trabajo con una actitud entregada de corazón.

Reflexión: Cada aspecto de tu vida, incluido tu trabajo, puede ser una oportunidad para servir y honrar a Dios. Ofrece tus intenciones y acciones de corazón a Él, buscando glorificarle en todo lo que hagas.

Oración: Señor, en este día, te entrego cada tarea y actividad que realice. Ayúdame a hacerlas con un corazón entregado a Ti, recordando que todo lo que hago es para honrarte. Guíame para que mis acciones reflejen tu amor y servicio. En el nombre de Jesús, amén.

Notas

_____
_____
_____
_____
_____
_____
_____
_____
_____
_____
_____

Semana 2:
Un Corazón
Transformado

AGENDA DIARIA

____ / ____ / ____

Ánimo

😦 🙂 😐 🙁 😵

Metas de Hoy

Cosas que hacer Hoy:

Ejercicio

Citas para Hoy

Hora	Evento

Consumo de Agua

⬡⬡⬡⬡⬡⬡⬡

Llamadas o emails

Cosas que hacer Mañana:

Rastreador de Comidas

Desayuno	Almuerzo
Cenas	Meriendas

Hoy estoy agradecida(o) por:

Anotaciones

Día 8

"Examíname, oh Dios, y conoce mi corazón; Pruébame y conoce mis pensamientos; Y ve si hay en mí camino de perversidad, Y guíame en el camino eterno".

(Salmos 139:23-24, versión RVR1960)

Ora para que Dios examine tu corazón y revele cualquier pecado oculto o impureza.

Reflexión: Invita a Dios a examinar tu corazón, pues Él lo conoce íntimamente. Está dispuesto a confrontar cualquier área de pecado o impureza, y pide Su ayuda para apartarte de ellas.

Oración: Señor, te abro mi corazón para que lo examines. Revela cualquier área en mi vida que necesite transformación. Dame la valentía para confrontar el pecado y la humildad para seguir tus caminos. Guíame en el camino eterno, en comunión contigo. En el nombre de Jesús, amén.

Notas

_____
_____
_____
_____
_____
_____
_____
_____
_____
_____

AGENDA DIARIA

____ / ____ / ____

Lun Mar Mié Jue Vie Sáb Dom
○   ○   ○   ○   ○   ○   ○

Ánimo

😞 🙂 😐 😣 😫

Metas de Hoy

Cosas que hacer Hoy:

Citas para Hoy

Hora	Evento

Ejercicio

Consumo de Agua

◇◇◇◇◇◇◇

Llamadas o emails

Cosas que hacer Mañana:

Rastreador de Comidas

Desayuno	Almuerzo
Cenas	Meriendas

Hoy estoy agradecida(o) por:

Anotaciones

Día 9

"Pero Jehová dijo a Samuel: No mires a su parecer, ni a lo grande de su estatura, porque yo lo desecho; porque Jehová no mira lo que mira el hombre; pues el hombre mira lo que está delante de sus ojos, pero Jehová mira el corazón".

(1 Samuel 16:7, versión RVR1960)

Reflexiona sobre cómo Dios mira el corazón y no las apariencias exteriores.

Reflexión: Dios valora más la condición de tu corazón que tus apariencias exteriores o logros. Enfócate en cultivar un corazón que lo honre, buscando Su aprobación por encima de todo.

Oración: Señor, a menudo me preocupo por lo que los demás piensan de mí. Ayúdame a recordar que lo que realmente importa es el estado de mi corazón ante Ti. Trabaja en mi interior y permíteme vivir en obediencia a tu voluntad, sin importar las opiniones de los demás. En el nombre de Jesús, amén.

Notas

_____
_____
_____
_____
_____
_____

AGENDA DIARIA

_____ / _____ / _____

Lun Mar Mié Jue Vie Sáb Dom
○ ○ ○ ○ ○ ○ ○

Ánimo

😦 🙂 😐 😣 😵

Metas de Hoy

Cosas que hacer Hoy:

....
....
....
....
....
....

Citas para Hoy

Hora	Evento

Ejercicio

Cosas que hacer Mañana:

....
....
....
....
....

Consumo de Agua

◊ ◊ ◊ ◊ ◊ ◊ ◊ ◊

Llamadas o emails

....
....
....

Rastreador de Comidas

Desayuno	Almuerzo
Cenas	Meriendas

Hoy estoy agradecida(o) por:

....
....
....
....

Anotaciones

....
....
....
....
....

Día 10

"*No os conforméis a este siglo, sino transformaos por medio de la renovación de vuestro entendimiento, para que comprobéis cuál sea la buena voluntad de Dios, agradable y perfecta*".

(Romanos 12:2, versión RVR1960)

Renueva tu mente para alinearte con la voluntad de Dios, transformando tu corazón y acciones.

Reflexión: La transformación de tu corazón comienza con la renovación de tu mente a través de la Palabra de Dios. Permite que Su verdad moldee tus pensamientos y acciones, para que tu corazón refleje Su carácter.

Oración: Padre, te pido que renueves mi mente a través de tu Palabra. Ayúdame a alejarme de las influencias negativas de este mundo y a llenar mi mente con tus enseñanzas y verdades. Transforma mi manera de pensar para que pueda vivir de acuerdo con tu voluntad perfecta. En el nombre de Jesús, amén.

Notas

_____

_____

_____

_____

_____

_____

_____

AGENDA DIARIA

____ / ____ / ____

Lun Mar Mié Jue Vie Sáb Dom
○ ○ ○ ○ ○ ○ ○

Ánimo

☺ ☺ ☺ ☹ ☹

Metas de Hoy

Cosas que hacer Hoy:

Ejercicio

Citas para Hoy

Hora	Evento

Consumo de Agua

◇◇◇◇◇◇◇◇

Llamadas o emails

Cosas que hacer Mañana:

Rastreador de Comidas

Desayuno	Almuerzo
Cenas	Meriendas

Hoy estoy agradecida(o) por:

Anotaciones

Día 11

"Deléitate asimismo en el Señor, y él te concederá las peticiones de tu corazón".

(Salmos 37:4, versión RVR1960)

Deléitate en el Señor y permite que Él moldee los deseos de tu corazón.

Reflexión: Cuando tu corazón se deleita en el Señor, tus deseos se alinean con Su voluntad. Entrega tus deseos a Él, confiando en que los cumplirá de acuerdo con Su plan perfecto.

Oración: Señor, deseo alinearme con tu voluntad y placer. Ayúdame a encontrar mi deleite en Ti y en Tu presencia. Concede que mis deseos estén en armonía contigo y que pueda confiar en que Tu respuesta es lo mejor para mí. En el nombre de Jesús, amén.

Notas

_____

_____

_____

_____

_____

_____

_____

_____

_____

_____

_____

AGENDA DIARIA

____ / ____ / ____

Lun Mar Mié Jue Vie Sáb Dom
○   ○   ○   ○   ○   ○   ○

Ánimo

😦 😊 😐 😟 😴

Metas de Hoy

Cosas que hacer Hoy:

Ejercicio

Citas para Hoy

Hora	Evento

Cosas que hacer Mañana:

Consumo de Agua

◊ ◊ ◊ ◊ ◊ ◊ ◊

Llamadas o emails

Rastreador de Comidas

Desayuno	Almuerzo
Cenas	Meriendas

Hoy estoy agradecida(o) por:

Anotaciones

Día 12

"Confía en el Señor con todo tu corazón, y no te apoyes en tu propio entendimiento. Reconócelo en todos tus caminos, y él enderezará tus veredas".

(Proverbios 3:5-6, versión RVR1960)

Confía en el Señor con todo tu corazón y busca Su dirección en cada aspecto de la vida.

Reflexión: Confiar en Dios con todo tu corazón requiere rendir tus planes y deseos a Su sabiduría y guía. Somete cada área de tu vida a Él, sabiendo que dirigirá tu camino.

Oración: Padre, reconozco que mi entendimiento es limitado, pero confío en Tu sabiduría. Permíteme soltar mis propias ideas y planes, y depositar mi confianza en Ti. Guíame en cada paso de mi vida, enderezando mi camino según Tu voluntad. En el nombre de Jesús, amén.

Notas

_____
_____
_____
_____
_____
_____
_____
_____
_____
_____

AGENDA DIARIA

____ / ____ / ____

Ánimo

☹ ☺ 😐 😣 😴

Metas de Hoy

Cosas que hacer Hoy:

....
....
....
....
....
....
....

Ejercicio

Citas para Hoy

Hora	Evento

Cosas que hacer Mañana:

....
....
....
....
....
....
....

Consumo de Agua

◊◊◊◊◊◊◊◊

Llamadas o emails

....
....
....
....

Rastreador de Comidas

Desayuno	Almuerzo
Cenas	Meriendas

Hoy estoy agradecida(o) por:

....
....
....
....
....

Anotaciones

....
....
....
....
....

Día 13

"Por nada estéis afanosos, sino sean conocidas vuestras peticiones delante de Dios en toda oración y ruego, con acción de gracias. Y la paz de Dios, que sobrepasa todo entendimiento, guardará vuestros corazones y vuestros pensamientos en Cristo Jesús".

(Filipenses 4:6-7, versión RVR1960)

Presenta tus preocupaciones y ansiedades a Dios, permitiendo que Su paz guarde tu corazón.

Reflexión: Las ansiedades y preocupaciones pueden cargar tu corazón, pero cuando las llevas a Dios en oración, Su paz guardará tu corazón y mente, dándote fortaleza y seguridad.

Oración: Señor, a menudo me siento ansioso y preocupado por las circunstancias de la vida. Hoy, te presento mis preocupaciones y peticiones, sabiendo que eres el único que puede traer paz a mi corazón. Gracias por Tu promesa de cuidar de mí. En el nombre de Jesús, amén.

Notas

AGENDA DIARIA

____ / ____ / ____

Lun Mar Mié Jue Vie Sáb Dom
○   ○   ○   ○   ○   ○   ○

Ánimo

😦 🙂 😐 ☹️ 😣

Metas de Hoy

Cosas que hacer Hoy:

Ejercicio

Citas para Hoy

Hora	Evento

Cosas que hacer Mañana:

Consumo de Agua

◊ ◊ ◊ ◊ ◊ ◊ ◊

Llamadas o emails

Rastreador de Comidas

Desayuno	Almuerzo
Cenas	Meriendas

Hoy estoy agradecida(o) por:

Anotaciones

Día 14

"Los sacrificios que agradan a Dios son un espíritu quebrantado; a un corazón contrito y humillado, oh Dios, tú no lo desprecias".

(Salmos 51:17, versión RVR1960)

Reconoce la importancia de tener un corazón humilde y contrito delante de Dios.

Reflexión: Dios honra un corazón humilde y arrepentido. Reconoce tu necesidad de Su perdón y gracia, sabiendo que un corazón humilde está abierto a Su obra transformadora.

Oración: Padre, mi deseo es acercarme a Ti con un corazón que reconozca su necesidad de Ti. Reconozco mi pecado y mi necesidad de perdón. Humildemente vengo ante Ti, pidiendo que trabajes en mí y quebrantes mi corazón cuando sea necesario. En el nombre de Jesús, amén.

Notas

Semana 3:
Cultivar
El Corazón

AGENDA DIARIA

_____ / _____ / _____

Lun Mar Mié Jue Vie Sáb Dom
○ ○ ○ ○ ○ ○ ○

Ánimo

☹ ☺ 😐 ☹ 😖

Metas de Hoy

Cosas que hacer Hoy:

_____
_____
_____
_____
_____
_____

Ejercicio

Citas para Hoy

Hora	Evento

Cosas que hacer Mañana:

_____
_____

Consumo de Agua

◇◇◇◇◇◇◇

Llamadas o emails

_____
_____
_____

Rastreador de Comidas

Desayuno	Almuerzo
Cenas	Meriendas

Hoy estoy agradecida(o) por:

_____
_____
_____
_____

Anotaciones

_____
_____
_____

Día 15

"Que todo lo que hagan sea hecho con amor".

(1 Corintios 16:14, versión RVR1960)

Deja que el amor guíe tus acciones y actitudes, reflejando el corazón de Cristo.

Reflexión: El amor debe ser la fuerza propulsora detrás de todo lo que haces. Permite que el amor de Cristo habite en tu corazón, impulsándote a servir a los demás de manera desinteresada y generosa.

Oración: Señor, ayúdame a vivir con amor en todo lo que hago. Llena mi corazón con Tu amor para que mis acciones y actitudes reflejen Tu carácter. Que Tu amor sea evidente en mis relaciones y actividades diarias. En el nombre de Jesús, amén.

Notas

_____
_____
_____
_____
_____
_____
_____
_____
_____
_____
_____

AGENDA DIARIA

____ / ____ / ____

Lun Mar Mié Jue Vie Sáb Dom
○ ○ ○ ○ ○ ○ ○

Ánimo

☹ ☺ 😐 😞 😫

Metas de Hoy

Cosas que hacer Hoy:

Ejercicio

Citas para Hoy

Hora	Evento

Consumo de Agua

◊ ◊ ◊ ◊ ◊ ◊ ◊

Llamadas o emails

Cosas que hacer Mañana:

Rastreador de Comidas

Desayuno	Almuerzo
Cenas	Meriendas

Hoy estoy agradecida(o) por:

Anotaciones

Día 16

"Sean siempre agradables las palabras de mi boca y la meditación de mi corazón delante de ti, oh Señor, mi roca y mi redentor".

(Salmos 19:14, versión RVR1960)

Reflexiona sobre cómo tus palabras y meditaciones pueden ser agradables a los ojos de Dios.

Reflexión: Las palabras que hablas y los pensamientos en los que te detienes reflejan el estado de tu corazón. Procura honrar a Dios en ambos aspectos, sabiendo que Él se deleita en un corazón que lo busca.

Oración: Padre, que mis palabras y pensamientos sean agradables ante Ti. Ayúdame a hablar con gracia y meditar en lo que es verdadero y honroso. Que mi corazón sea un lugar donde encuentres placer y gloria. En el nombre de Jesús, amén.

Notas

_____

_____

_____

_____

_____

_____

_____

_____

_____

AGENDA DIARIA

____ / ____ / ____

Ánimo

😕 🙂 😐 🙁 😣

Ejercicio

Consumo de Agua

💧💧💧💧💧💧💧

Rastreador de Comidas

Desayuno	Almuerzo
Cenas	Meriendas

Hoy estoy agradecida(o) por:

Metas de Hoy

Citas para Hoy

Hora	Evento

Llamadas o emails

Anotaciones

Cosas que hacer Hoy:

Cosas que hacer Mañana:

Día 17

"¡Raza de víboras! ¿Cómo podéis hablar cosas buenas, siendo malos? Porque de la abundancia del corazón habla la boca".

(Mateo 12:34, versión RVR1960)

Examina el desbordamiento de tu corazón en tus palabras e interacciones con los demás.

Reflexión: Tus palabras y acciones surgen de lo que llena tu corazón. Pide a Dios que purifique tu corazón para que tus palabras e interacciones con los demás estén caracterizadas por la gracia, el amor y la amabilidad.

Oración: Señor, examina mi corazón y purifícalo. Que lo que llene mi corazón sea bueno y agradable ante Ti. Ayúdame a hablar palabras que edifiquen y reflejen Tu amor a aquellos que me rodean. En el nombre de Jesús, amén.

Notas

_____

_____

_____

_____

_____

_____

_____

_____

_____

AGENDA DIARIA

____ / ____ / ____

Lun Mar Mié Jue Vie Sáb Dom
○ ○ ○ ○ ○ ○ ○

Ánimo

☹ ☺ 😐 😟 😵

Metas de Hoy

Cosas que hacer Hoy:

Ejercicio

Citas para Hoy

Hora	Evento

Consumo de Agua

◊◊◊◊◊◊◊

Cosas que hacer Mañana:

Llamadas o emails

Rastreador de Comidas

Desayuno	Almuerzo
Cenas	Meriendas

Hoy estoy agradecida(o) por:

Anotaciones

Día 18

"Como en el agua se refleja el rostro, así el corazón refleja al hombre".

(Proverbios 27:19, versión RVR1960)

Considera como tu corazón refleja quién eres y su impacto en tu vida.

Reflexión: Tu corazón moldea tu carácter e influye en la dirección de tu vida. Evalúa regularmente el estado de tu corazón, pidiendo a Dios que lo moldee para que refleje Su bondad.

Oración: Padre, te pido que formes mi corazón para que refleje Tu carácter. Ayúdame a ser consciente de cómo mi corazón afecta mi vida y las relaciones. Moldea mi corazón para que sea más semejante al tuyo. En el nombre de Jesús, amén.

Notas

_____

_____

_____

_____

_____

_____

_____

_____

_____

_____

AGENDA DIARIA

_____ / _____ / _____

Lun Mar Mié Jue Vie Sáb Dom
○ ○ ○ ○ ○ ○ ○

Ánimo

Metas de Hoy

Cosas que hacer Hoy:

Ejercicio

Citas para Hoy

Hora	Evento

Cosas que hacer Mañana:

Consumo de Agua

Llamadas o emails

Rastreador de Comidas

Desayuno	Almuerzo
Cenas	Meriendas

Hoy estoy agradecida(o) por:

Anotaciones

Día 19

"Quiten de su vida toda amargura, enojo, ira, gritos, maledicencia y toda forma de malicia. Sean bondadosos y compasivos unos con otros, y perdónense mutuamente, así como Dios los perdonó a ustedes en Cristo".

(Efesios 4:31-32, versión RVR1960)

Elimina la amargura y la negatividad de tu corazón al abrazar el perdón y la bondad.

Reflexión: La amargura y la negatividad envenenan el corazón, obstaculizando tu crecimiento en Cristo. Elige perdonar y mostrar bondad, sabiendo que el amor de Dios en ti puede superar cualquier emoción negativa.

Oración: Señor, reconozco cualquier amargura o enojo que haya en mi corazón. Te pido que lo limpies y me ayudes a perdonar como Tú perdonas. Llena mi corazón de bondad y compasión, reflejando Tu amor por los demás. En el nombre de Jesús, amén.

Notas

_____

_____

_____

_____

_____

_____

_____

AGENDA DIARIA

____ / ____ / ____

Lun Mar Mié Jue Vie Sáb Dom
○ ○ ○ ○ ○ ○ ○

Ánimo

☹ 🙂 😐 😟 🥴

Ejercicio

Consumo de Agua

◇◇◇◇◇◇◇◇

Rastreador de Comidas

Desayuno	Almuerzo
Cenas	Meriendas

Hoy estoy agradecida(o) por:

Metas de Hoy

Citas para Hoy

Hora	Evento

Llamadas o emails

Anotaciones

Cosas que hacer Hoy:

Cosas que hacer Mañana:

Día 20

"Ten compasión de mí, oh Dios, conforme a tu gran amor; conforme a tu inmensa bondad, borra mis transgresiones. Lávame de toda maldad y límpiame de mi pecado".

(Salmos 51:1-2, versión RVR1960)

Busca la misericordia y limpieza de Dios cuando te percates que tu corazón se ha alejado de Él.

Reflexión: Reconoce tu necesidad de la misericordia y el perdón de Dios cuando tu corazón se ha desviado. Confiesa tus pecados y pide Su gracia para redirigir tu corazón hacia Él.

Oración: Dios mío, reconozco mis pecados y la necesidad de Tu perdón. Limpia mi corazón de cualquier maldad y pecado. Ayúdame a vivir en la humildad de Tu gracia y amor, sabiendo que en Ti encuentro purificación. En el nombre de Jesús, amén.

Notas

_____

_____

_____

_____

_____

_____

_____

_____

AGENDA DIARIA

_____ / _____ / _____

Lun Mar Mié Jue Vie Sáb Dom
○   ○   ○   ○   ○   ○   ○

Ánimo

☹ ☺ 😐 😣 😖

Metas de Hoy

Cosas que hacer Hoy:

Ejercicio

Citas para Hoy

Hora	Evento

Consumo de Agua

◊ ◊ ◊ ◊ ◊ ◊ ◊

Llamadas o emails

Cosas que hacer Mañana:

Rastreador de Comidas

Desayuno	Almuerzo
Cenas	Meriendas

Hoy estoy agradecida(o) por:

Anotaciones

Día 21

"Bendice, alma mía, al Señor, y todo mi ser, su santo nombre. Bendice, alma mía, al Señor, y no olvides ninguno de sus beneficios".

(Salmos 103:1-2, versión RVR1960)

Alaba a Dios por Su amor constante y las bendiciones que desbordan de un corazón agradecido.

Reflexión: Un corazón lleno de gratitud abre tus ojos a las abundantes bendiciones de Dios. Alábalo por Su amor inagotable y expresa agradecimiento por todo lo que ha hecho en tu vida.

Oración: Señor, quiero agradecerte por Tus innumerables bendiciones en mi vida. Que mi corazón y ser entero estén llenos de gratitud hacia Ti. No quiero olvidar Tus beneficios y Tu amor constante. En el nombre de Jesús, amén.

Notas

_____
_____
_____
_____
_____
_____
_____
_____
_____
_____

Semana 4:
Compartir
Tu Corazón

AGENDA DIARIA

_____ / _____ / _____

Lun Mar Mié Jue Vie Sáb Dom
○   ○   ○   ○   ○   ○   ○

Ánimo

Metas de Hoy

Cosas que hacer Hoy:

Ejercicio

Citas para Hoy

Hora	Evento

Consumo de Agua

Llamadas o emails

Cosas que hacer Mañana:

Rastreador de Comidas

Desayuno	Almuerzo
Cenas	Meriendas

Hoy estoy agradecida(o) por:

Anotaciones

Día 22

"Así que, hermanos, os ruego por las misericordias de Dios que presentéis vuestros cuerpos como sacrificio vivo, santo, agradable a Dios, que es vuestro culto racional".

(Romanos 12:1, versión RVR1960)

Ofrece tu corazón y tu vida como un sacrificio vivo a Dios, dedicado por completo a Él.

Reflexión: Rinde tu corazón y vida a Dios como una ofrenda de adoración. Dedícate a Su servicio, buscando glorificarlo en todo lo que haces.

Oración: Padre, te presento mi vida como un sacrificio vivo. Quiero vivir en obediencia y adoración constante a Ti. Ayúdame a ofrecer mi corazón y acciones como una ofrenda agradable ante Tus ojos. En el nombre de Jesús, amén.

Notas

_____
_____
_____
_____
_____
_____
_____
_____
_____
_____

AGENDA DIARIA

_____ / _____ / _____

Ánimo

Metas de Hoy

Cosas que hacer Hoy:

Ejercicio

Citas para Hoy

Hora	Evento

Cosas que hacer Mañana:

Consumo de Agua

Llamadas o emails

Rastreador de Comidas

Desayuno	Almuerzo
Cenas	Meriendas

Hoy estoy agradecida(o) por:

Anotaciones

Día 23

"Devuélveme el gozo de tu salvación; que un espíritu obediente me sostenga".
(Salmos 51:12, versión RVR1960)

Ora para que Dios restaure tu gozo y llene tu corazón al acercarte a Él.

Reflexión: Acércate a Dios con un corazón arrepentido. Busca Su favor en todo lo que haces.

Oración: Señor, si alguna vez he perdido el gozo de Tu salvación, te pido que lo restaures en mi corazón. Ayúdame a caminar en obediencia y fidelidad a Ti, confiando en tu dirección y poder. En el nombre de Jesús, amén.

Notas

AGENDA DIARIA

_____ / _____ / _____

Ánimo

Metas de Hoy

Cosas que hacer Hoy:

Ejercicio

Citas para Hoy

Hora	Evento

Cosas que hacer Mañana:

Consumo de Agua

Llamadas o emails

Rastreador de Comidas

Desayuno	Almuerzo
Cenas	Meriendas

Hoy estoy agradecida(o) por:

Anotaciones

Día 24

"Enséñame, Señor, tu camino, para que yo ande en tu verdad; mantén mi corazón enfocado en temer tu nombre".

(Salmos 86:11, versión RVR1960)

Pide a Dios que una tu corazón para temer Su nombre y seguirlo de todo corazón.

Reflexión: Ora por un corazón indiviso que revele reverencia a Dios sobre todas las cosas.

Pídele que alinee tus deseos y pasiones con los Suyos, para que puedas caminar fielmente en Sus caminos.

Oración: Dios mío, enséñame Tu camino y ayúdame a caminar en Tu Verdad. Que mi corazón esté centrado en reverenciarte y seguirte. Concede que mis deseos estén en línea con los Tuyos y que pueda caminar fielmente en Tus sendas. En el nombre de Jesús, amén.

Notas

_____

_____

_____

_____

_____

_____

_____

_____

AGENDA DIARIA

_____ / _____ / _____

Lun Mar Mié Jue Vie Sáb Dom
○   ○   ○   ○   ○   ○   ○

Ánimo

😞 🙂 😐 😟 😣

Metas de Hoy

Cosas que hacer Hoy:

....
....
....
....
....
....

Ejercicio

Citas para Hoy

Hora	Evento

Consumo de Agua

◇◇◇◇◇◇◇◇

Cosas que hacer Mañana:

....
....

Llamadas o emails

....
....
....
....
....

Rastreador de Comidas

Desayuno	Almuerzo
Cenas	Meriendas

....
....
....
....

Hoy estoy agradecida(o) por:

Anotaciones

....
....
....
....
....

....
....
....
....
....

Día 25

"Enséñanos a contar bien nuestros días, para que nuestro corazón adquiera sabiduría".

(Salmos 90:12, versión RVR1960)

Busca la sabiduría de Dios para valorar tus días, viviendo con una perspectiva eterna en tu corazón.

Reflexión: Reflexiona sobre la brevedad de la vida y la necesidad de utilizar cada día sabiamente. Pide a Dios que llene tu corazón con el deseo de vivir con propósitos eternos y buscar Su sabiduría en todo lo que haces.

Oración: Señor, reconozco la importancia de valorar cada día que me has dado. Ayúdame a vivir con sabiduría y propósito, buscando lo eterno en todas mis acciones. Que mi corazón se llene de un deseo profundo de honrarte en todo lo que hago. En el nombre de Jesús, amén.

Notas

_____
_____
_____
_____
_____
_____
_____
_____
_____
_____

AGENDA DIARIA

_____ / _____ / _____

Ánimo

Metas de Hoy

Cosas que hacer Hoy:

Ejercicio

Citas para Hoy

Hora	Evento

Cosas que hacer Mañana:

Consumo de Agua

Llamadas o emails

Rastreador de Comidas

Desayuno	Almuerzo
Cenas	Meriendas

Hoy estoy agradecida(o) por:

Anotaciones

Día 26

"Encomienda al Señor tus obras, y tus proyectos se cumplirán".

(Salmos 37:5, versión RVR1960)

Encomienda tus deseos y planes a Dios, confiando en Su perfecto tiempo.

Reflexión: Confía tus deseos y planes al Señor, reconociendo que Su tiempo es perfecto. Sé paciente y constante en la oración, sabiendo que Él llevará a cabo Su voluntad.

Oración: Padre, entrego mis planes y proyectos en Tus manos. Ayúdame a confiar en Tu sabiduría y tiempo perfecto. Dame paciencia para esperar en Ti y constancia para perseverar en la oración. Que Tus propósitos se cumplan en mi vida. En el nombre de Jesús, amén.

Notas

_____

_____

_____

_____

_____

_____

_____

_____

_____

AGENDA DIARIA

_____ / _____ / _____

Lun Mar Mié Jue Vie Sáb Dom
○   ○   ○   ○   ○   ○   ○

Ánimo

😞 😊 😐 😟 😓

Metas de Hoy

Cosas que hacer Hoy:

_____
_____
_____
_____
_____
_____
_____

Ejercicio

Citas para Hoy

Hora	Evento

Cosas que hacer Mañana:

_____

Consumo de Agua

◊◊◊◊◊◊◊

Llamadas o emails

_____
_____
_____

Rastreador de Comidas

Desayuno	Almuerzo
Cenas	Meriendas

Hoy estoy agradecida(o) por:

Anotaciones

_____
_____
_____
_____
_____

Día 27

"Señor, abre mis labios, y mi boca proclamará tu alabanza".

(Salmos 51:15, versión RVR1960)

Rinde tu corazón y tu vida a la voluntad y propósito de Dios.

Reflexión: Somete completamente tu vida a la voluntad de Dios, confiando en que Sus planes para ti son mucho mayores de lo que puedas imaginar. Rinde tu corazón y deseos a Él, buscando vivir según Su perfecto plan.

Oración: Querido Dios, te abro mi corazón y mi boca para proclamar Tu alabanza. Que mis palabras y acciones sean un testimonio vivo de Tu amor y gracia. Ayúdame a rendirme por completo a Tu plan y propósito para mi vida. En el nombre de Jesús, amén.

Notas

_____

_____

_____

_____

_____

_____

_____

_____

_____

_____

_____

AGENDA DIARIA

_____ / _____ / _____

Lun Mar Mié Jue Vie Sáb Dom
○   ○   ○   ○   ○   ○   ○

Ánimo

Metas de Hoy

Cosas que hacer Hoy:

Ejercicio

Citas para Hoy

Hora	Evento

Consumo de Agua

Llamadas o emails

Cosas que hacer Mañana:

Rastreador de Comidas

Desayuno	Almuerzo
Cenas	Meriendas

Hoy estoy agradecida(o) por:

Anotaciones

Día 28

"Examíname, oh Señor, y pruébame; escudriña mis pensamientos y mi corazón".

(Salmos 26:2, versión RVR1960)

Ruega a Dios que examine tu corazón y pruebe tus pensamientos, refinando tus motivos.

Reflexión: Invita a Dios a examinar tu corazón y pensamientos, purificando tus motivos.

Preséntate ante Él sin reservas, deseando ser un instrumento que traiga gloria a Su nombre.

Oración: Padre, te abro mi corazón y mente para que los examines. Revela cualquier pensamiento o motivo que no te honre. Limpia mi corazón y renueva mis pensamientos para que reflejen Tu voluntad. En el nombre de Jesús, amén.

Notas

Días Finales:

Contentamiento con Gratitud y Entrega

AGENDA DIARIA

_____ / _____ / _____

Lun Mar Mié Jue Vie Sáb Dom
○   ○   ○   ○   ○   ○   ○

Ánimo

☹ ☺ 😐 😞 😢

Metas de Hoy

Cosas que hacer Hoy:

Ejercicio

Citas para Hoy

Hora	Evento

Consumo de Agua

◇◇◇◇◇◇◇

Cosas que hacer Mañana:

Llamadas o emails

Rastreador de Comidas

Desayuno	Almuerzo
Cenas	Meriendas

Hoy estoy agradecida(o) por:

Anotaciones

Día 29

"Crea en mí, oh Dios, un corazón limpio, y renueva un espíritu recto dentro de mí".

(Salmos 51:10-12, versión RVR1960)

Ora por un corazón renovado y un espíritu constante mientras concluyes esta devoción.

Reflexión: A medida que te acercas al final de este camino devocional, pide a Dios que siga obrando en tu corazón. Ora por un renovado sentido de Su presencia y un espíritu firme para seguirlo fielmente.

Oración: Señor, te ruego que sigas trabajando en mi corazón. Crea en mí un corazón limpio y renueva un espíritu firme en mí. Que pueda caminar contigo en humildad y obediencia todos los días. En el nombre de Jesús, amén.

Notas

_____
_____
_____
_____
_____
_____
_____
_____
_____
_____

AGENDA DIARIA

_____ / _____ / _____

Lun Mar Mié Jue Vie Sáb Dom
○   ○   ○   ○   ○   ○   ○

Ánimo

☺ ☺ ☺ ☹ ☹

Metas de Hoy

Cosas que hacer Hoy:

Ejercicio

Citas para Hoy

Hora	Evento

Consumo de Agua

◊ ◊ ◊ ◊ ◊ ◊ ◊

Llamadas o emails

Cosas que hacer Mañana:

Rastreador de Comidas

Desayuno	Almuerzo
Cenas	Meriendas

Hoy estoy agradecida(o) por:

Anotaciones

Día 30

"Los sacrificios que agradan a Dios son un espíritu quebrantado; un corazón quebrantado y humillado, oh Dios, tú no lo desprecias".

(Salmos 51:17, versión RVR1960)

Concluye con una oración de gratitud, humildad y el deseo de tener un corazón contrito delante de Dios.

Reflexión: Concluye esta devoción con un corazón lleno de gratitud, humildad y quebrantamiento ante Dios. Agradécele por Su gracia, busca Su perdón y comprométete a caminar en obediencia con un corazón contrito.

Oración: Padre, concluyo esta devoción con un corazón humilde y contrito ante Ti. Gracias por Tu amor y gracia. Que mi corazón siempre esté dispuesto a ser moldeado por Ti. Reconozco que un corazón quebrantado y humilde es lo que valoras. En el nombre de Jesús, amén.

Que este camino devocional de 30 días sobre el corazón te acerque a Dios e impulse una comprensión más profunda de Su amor y el poder transformador en tu interior. Que cada reflexión te guíe en buscar un corazón que refleje el carácter de Cristo y te lleve a una relación más íntima con tu Padre Celestial. Uniendo esta experiencia con una agenda para equilibrar tu crecimiento espiritual con organización. Encuentra inspiración y guía en este viaje hacia una vida centrada y gratificante, donde el bienestar físico y espiritual convergen. Al unir ambos aspectos, fortalecerás hábitos y crecimiento personal, con una relación más profunda con Dios y Su amor transformador.

Notas

Notas

Acerca de la autora

La Dra. Gloria I. San Miguel cuenta con más de dos décadas de experiencia en operaciones clínicas de atención médica. Su impresionante trayectoria incluye servir como una experimentada Ejecutiva de Atención Médica y Vicepresidenta de Operaciones en el sector de prácticas médicas. Su experiencia abarca un amplio espectro de administración de servicios de atención médica.

La Dra. San Miguel nació en Puerto Rico y completó su Bachillerato en Ciencias en Biología en la Universidad de Puerto Rico. Obtuvo su Maestría en Administración de Atención Médica en la Universidad de Florida Central y un Doctorado Honoris Causa en Teología de la Universidad Cristiana MICAR.

La autora es una entrenadora certificada de transformación de liderazgo John Maxwell, ejecutiva de atención médica, consejera pastoral clínica con licencia, emprendedora, esposa y madre de dos hijas adolescentes, que reside en el centro de Florida. Su propósito en la vida es entrenar y desarrollar líderes para que vivan una vida intencional y se conviertan en la mejor versión de sí mismos, con lo que logran una salud integral: emocional, mental, espiritual y física.

Encuentra alegría en compartir su historia de resiliencia y determinación, enriqueciendo la vida de los demás con orientación sincera mientras avanza en su carrera y desarrollo personal. Enfatiza la importancia de los entrenadores y consejeros, de dar pasos graduales hacia el logro, y destaca cómo su fe ha sido fundamental en el camino de su vida.

Si necesitas ayuda o apoyo, no dudes en ponerte en contacto con Gloria. Con gusto agregará valor y te ayudará a impulsar tu transformación interna para pasar de la intención a la acción en tu viaje de transformación del corazón.

🌐 www.gloriasanmiguel.com

✉ intentionallydrivenbyglory@gmail.com

in Gloria I. San Miguel

f @crecimientointencional

📷 @intentionallydrivenenterprises